CONTACT DETAILS

D1571254

Name:

Address:

Phone:

Email:

NOTES:

A

WEBSITE:

LOGIN:

PASSWORD:

NOTES:

WEBSITE:

LOGIN:

PASSWORD:

NOTES:

WEBSITE:

LOGIN:

PASSWORD:

NOTES:

WEBSITE:

LOGIN:

PASSWORD:

NOTES:

A

WEBSITE:

LOGIN:

PASSWORD:

NOTES:

WEBSITE:

LOGIN:

PASSWORD:

NOTES:

WEBSITE:

LOGIN:

PASSWORD:

NOTES:

WEBSITE:

LOGIN:

PASSWORD:

NOTES:

A

WEBSITE:

LOGIN:

PASSWORD:

NOTES:

WEBSITE:

LOGIN:

PASSWORD:

NOTES:

WEBSITE:

LOGIN:

PASSWORD:

NOTES:

WEBSITE:

LOGIN:

PASSWORD:

NOTES:

A

WEBSITE:

LOGIN:

PASSWORD:

NOTES:

WEBSITE:

LOGIN:

PASSWORD:

NOTES:

WEBSITE:

LOGIN:

PASSWORD:

NOTES:

WEBSITE:

LOGIN:

PASSWORD:

NOTES:

B

WEBSITE:

LOGIN:

PASSWORD:

NOTES:

WEBSITE:

LOGIN:

PASSWORD:

NOTES:

WEBSITE:

LOGIN:

PASSWORD:

NOTES:

WEBSITE:

LOGIN:

PASSWORD:

NOTES:

B

WEBSITE:

LOGIN:

PASSWORD:

NOTES:

WEBSITE:

LOGIN:

PASSWORD:

NOTES:

WEBSITE:

LOGIN:

PASSWORD:

NOTES:

WEBSITE:

LOGIN:

PASSWORD:

NOTES:

B

WEBSITE:

LOGIN:

PASSWORD:

NOTES:

WEBSITE:

LOGIN:

PASSWORD:

NOTES:

WEBSITE:

LOGIN:

PASSWORD:

NOTES:

WEBSITE:

LOGIN:

PASSWORD:

NOTES:

B

WEBSITE:

LOGIN:

PASSWORD:

NOTES:

WEBSITE:

LOGIN:

PASSWORD:

NOTES:

WEBSITE:

LOGIN:

PASSWORD:

NOTES:

WEBSITE:

LOGIN:

PASSWORD:

NOTES:

C

WEBSITE:

LOGIN:

PASSWORD:

NOTES:

WEBSITE:

LOGIN:

PASSWORD:

NOTES:

WEBSITE:

LOGIN:

PASSWORD:

NOTES:

WEBSITE:

LOGIN:

PASSWORD:

NOTES:

C

WEBSITE:

LOGIN:

PASSWORD:

NOTES:

WEBSITE:

LOGIN:

PASSWORD:

NOTES:

WEBSITE:

LOGIN:

PASSWORD:

NOTES:

WEBSITE:

LOGIN:

PASSWORD:

NOTES:

C

WEBSITE:

LOGIN:

PASSWORD:

NOTES:

WEBSITE:

LOGIN:

PASSWORD:

NOTES:

WEBSITE:

LOGIN:

PASSWORD:

NOTES:

WEBSITE:

LOGIN:

PASSWORD:

NOTES:

C

WEBSITE:

LOGIN:

PASSWORD:

NOTES:

WEBSITE:

LOGIN:

PASSWORD:

NOTES:

WEBSITE:

LOGIN:

PASSWORD:

NOTES:

WEBSITE:

LOGIN:

PASSWORD:

NOTES:

D

WEBSITE:

LOGIN:

PASSWORD:

NOTES:

WEBSITE:

LOGIN:

PASSWORD:

NOTES:

WEBSITE:

LOGIN:

PASSWORD:

NOTES:

WEBSITE:

LOGIN:

PASSWORD:

NOTES:

D

WEBSITE:

LOGIN:

PASSWORD:

NOTES:

WEBSITE:

LOGIN:

PASSWORD:

NOTES:

WEBSITE:

LOGIN:

PASSWORD:

NOTES:

WEBSITE:

LOGIN:

PASSWORD:

NOTES:

D

WEBSITE:

LOGIN:

PASSWORD:

NOTES:

WEBSITE:

LOGIN:

PASSWORD:

NOTES:

WEBSITE:

LOGIN:

PASSWORD:

NOTES:

WEBSITE:

LOGIN:

PASSWORD:

NOTES:

D

WEBSITE:

LOGIN:

PASSWORD:

NOTES:

WEBSITE:

LOGIN:

PASSWORD:

NOTES:

WEBSITE:

LOGIN:

PASSWORD:

NOTES:

WEBSITE:

LOGIN:

PASSWORD:

NOTES:

E

WEBSITE:

LOGIN:

PASSWORD:

NOTES:

WEBSITE:

LOGIN:

PASSWORD:

NOTES:

WEBSITE:

LOGIN:

PASSWORD:

NOTES:

WEBSITE:

LOGIN:

PASSWORD:

NOTES:

E

WEBSITE:

LOGIN:

PASSWORD:

NOTES:

WEBSITE:

LOGIN:

PASSWORD:

NOTES:

WEBSITE:

LOGIN:

PASSWORD:

NOTES:

WEBSITE:

LOGIN:

PASSWORD:

NOTES:

E

WEBSITE:

LOGIN:

PASSWORD:

NOTES:

WEBSITE:

LOGIN:

PASSWORD:

NOTES:

WEBSITE:

LOGIN:

PASSWORD:

NOTES:

WEBSITE:

LOGIN:

PASSWORD:

NOTES:

E

WEBSITE:

LOGIN:

PASSWORD:

NOTES:

WEBSITE:

LOGIN:

PASSWORD:

NOTES:

WEBSITE:

LOGIN:

PASSWORD:

NOTES:

WEBSITE:

LOGIN:

PASSWORD:

NOTES:

F

WEBSITE:

LOGIN:

PASSWORD:

NOTES:

WEBSITE:

LOGIN:

PASSWORD:

NOTES:

WEBSITE:

LOGIN:

PASSWORD:

NOTES:

WEBSITE:

LOGIN:

PASSWORD:

NOTES:

F

WEBSITE:

LOGIN:

PASSWORD:

NOTES:

WEBSITE:

LOGIN:

PASSWORD:

NOTES:

WEBSITE:

LOGIN:

PASSWORD:

NOTES:

WEBSITE:

LOGIN:

PASSWORD:

NOTES:

F

WEBSITE:

LOGIN:

PASSWORD:

NOTES:

WEBSITE:

LOGIN:

PASSWORD:

NOTES:

WEBSITE:

LOGIN:

PASSWORD:

NOTES:

WEBSITE:

LOGIN:

PASSWORD:

NOTES:

F

WEBSITE:

LOGIN:

PASSWORD:

NOTES:

WEBSITE:

LOGIN:

PASSWORD:

NOTES:

WEBSITE:

LOGIN:

PASSWORD:

NOTES:

WEBSITE:

LOGIN:

PASSWORD:

NOTES:

G

WEBSITE:

LOGIN:

PASSWORD:

NOTES:

WEBSITE:

LOGIN:

PASSWORD:

NOTES:

WEBSITE:

LOGIN:

PASSWORD:

NOTES:

WEBSITE:

LOGIN:

PASSWORD:

NOTES:

G

WEBSITE:

LOGIN:

PASSWORD:

NOTES:

WEBSITE:

LOGIN:

PASSWORD:

NOTES:

WEBSITE:

LOGIN:

PASSWORD:

NOTES:

WEBSITE:

LOGIN:

PASSWORD:

NOTES:

G

WEBSITE:

LOGIN:

PASSWORD:

NOTES:

WEBSITE:

LOGIN:

PASSWORD:

NOTES:

WEBSITE:

LOGIN:

PASSWORD:

NOTES:

WEBSITE:

LOGIN:

PASSWORD:

NOTES:

G

WEBSITE:

LOGIN:

PASSWORD:

NOTES:

WEBSITE:

LOGIN:

PASSWORD:

NOTES:

WEBSITE:

LOGIN:

PASSWORD:

NOTES:

WEBSITE:

LOGIN:

PASSWORD:

NOTES:

H

WEBSITE:

LOGIN:

PASSWORD:

NOTES:

WEBSITE:

LOGIN:

PASSWORD:

NOTES:

WEBSITE:

LOGIN:

PASSWORD:

NOTES:

WEBSITE:

LOGIN:

PASSWORD:

NOTES:

H

WEBSITE:

LOGIN:

PASSWORD:

NOTES:

WEBSITE:

LOGIN:

PASSWORD:

NOTES:

WEBSITE:

LOGIN:

PASSWORD:

NOTES:

WEBSITE:

LOGIN:

PASSWORD:

NOTES:

H

WEBSITE:

LOGIN:

PASSWORD:

NOTES:

WEBSITE:

LOGIN:

PASSWORD:

NOTES:

WEBSITE:

LOGIN:

PASSWORD:

NOTES:

WEBSITE:

LOGIN:

PASSWORD:

NOTES:

H

WEBSITE:

LOGIN:

PASSWORD:

NOTES:

WEBSITE:

LOGIN:

PASSWORD:

NOTES:

WEBSITE:

LOGIN:

PASSWORD:

NOTES:

WEBSITE:

LOGIN:

PASSWORD:

NOTES:

I

WEBSITE:

LOGIN:

PASSWORD:

NOTES:

WEBSITE:

LOGIN:

PASSWORD:

NOTES:

WEBSITE:

LOGIN:

PASSWORD:

NOTES:

WEBSITE:

LOGIN:

PASSWORD:

NOTES:

I

WEBSITE:

LOGIN:

PASSWORD:

NOTES:

WEBSITE:

LOGIN:

PASSWORD:

NOTES:

WEBSITE:

LOGIN:

PASSWORD:

NOTES:

WEBSITE:

LOGIN:

PASSWORD:

NOTES:

I

WEBSITE:

LOGIN:

PASSWORD:

NOTES:

WEBSITE:

LOGIN:

PASSWORD:

NOTES:

WEBSITE:

LOGIN:

PASSWORD:

NOTES:

WEBSITE:

LOGIN:

PASSWORD:

NOTES:

WEBSITE:

LOGIN:

PASSWORD:

NOTES:

WEBSITE:

LOGIN:

PASSWORD:

NOTES:

WEBSITE:

LOGIN:

PASSWORD:

NOTES:

WEBSITE:

LOGIN:

PASSWORD:

NOTES:

J

WEBSITE:

LOGIN:

PASSWORD:

NOTES:

WEBSITE:

LOGIN:

PASSWORD:

NOTES:

WEBSITE:

LOGIN:

PASSWORD:

NOTES:

WEBSITE:

LOGIN:

PASSWORD:

NOTES:

J

WEBSITE:

LOGIN:

PASSWORD:

NOTES:

WEBSITE:

LOGIN:

PASSWORD:

NOTES:

WEBSITE:

LOGIN:

PASSWORD:

NOTES:

WEBSITE:

LOGIN:

PASSWORD:

NOTES:

J

WEBSITE:

LOGIN:

PASSWORD:

NOTES:

WEBSITE:

LOGIN:

PASSWORD:

NOTES:

WEBSITE:

LOGIN:

PASSWORD:

NOTES:

WEBSITE:

LOGIN:

PASSWORD:

NOTES:

J

WEBSITE:

LOGIN:

PASSWORD:

NOTES:

WEBSITE:

LOGIN:

PASSWORD:

NOTES:

WEBSITE:

LOGIN:

PASSWORD:

NOTES:

WEBSITE:

LOGIN:

PASSWORD:

NOTES:

K

WEBSITE:

LOGIN:

PASSWORD:

NOTES:

WEBSITE:

LOGIN:

PASSWORD:

NOTES:

WEBSITE:

LOGIN:

PASSWORD:

NOTES:

WEBSITE:

LOGIN:

PASSWORD:

NOTES:

K

WEBSITE:

LOGIN:

PASSWORD:

NOTES:

WEBSITE:

LOGIN:

PASSWORD:

NOTES:

WEBSITE:

LOGIN:

PASSWORD:

NOTES:

WEBSITE:

LOGIN:

PASSWORD:

NOTES:

K

WEBSITE:

LOGIN:

PASSWORD:

NOTES:

WEBSITE:

LOGIN:

PASSWORD:

NOTES:

WEBSITE:

LOGIN:

PASSWORD:

NOTES:

WEBSITE:

LOGIN:

PASSWORD:

NOTES:

K

WEBSITE:

LOGIN:

PASSWORD:

NOTES:

WEBSITE:

LOGIN:

PASSWORD:

NOTES:

WEBSITE:

LOGIN:

PASSWORD:

NOTES:

WEBSITE:

LOGIN:

PASSWORD:

NOTES:

L

WEBSITE:

LOGIN:

PASSWORD:

NOTES:

WEBSITE:

LOGIN:

PASSWORD:

NOTES:

WEBSITE:

LOGIN:

PASSWORD:

NOTES:

WEBSITE:

LOGIN:

PASSWORD:

NOTES:

L

WEBSITE:

LOGIN:

PASSWORD:

NOTES:

WEBSITE:

LOGIN:

PASSWORD:

NOTES:

WEBSITE:

LOGIN:

PASSWORD:

NOTES:

WEBSITE:

LOGIN:

PASSWORD:

NOTES:

L

WEBSITE:

LOGIN:

PASSWORD:

NOTES:

WEBSITE:

LOGIN:

PASSWORD:

NOTES:

WEBSITE:

LOGIN:

PASSWORD:

NOTES:

WEBSITE:

LOGIN:

PASSWORD:

NOTES:

L

WEBSITE:

LOGIN:

PASSWORD:

NOTES:

WEBSITE:

LOGIN:

PASSWORD:

NOTES:

WEBSITE:

LOGIN:

PASSWORD:

NOTES:

WEBSITE:

LOGIN:

PASSWORD:

NOTES:

M

WEBSITE:

LOGIN:

PASSWORD:

NOTES:

WEBSITE:

LOGIN:

PASSWORD:

NOTES:

WEBSITE:

LOGIN:

PASSWORD:

NOTES:

WEBSITE:

LOGIN:

PASSWORD:

NOTES:

M

WEBSITE:

LOGIN:

PASSWORD:

NOTES:

WEBSITE:

LOGIN:

PASSWORD:

NOTES:

WEBSITE:

LOGIN:

PASSWORD:

NOTES:

WEBSITE:

LOGIN:

PASSWORD:

NOTES:

M

WEBSITE:

LOGIN:

PASSWORD:

NOTES:

WEBSITE:

LOGIN:

PASSWORD:

NOTES:

WEBSITE:

LOGIN:

PASSWORD:

NOTES:

WEBSITE:

LOGIN:

PASSWORD:

NOTES:

M

WEBSITE:

LOGIN:

PASSWORD:

NOTES:

WEBSITE:

LOGIN:

PASSWORD:

NOTES:

WEBSITE:

LOGIN:

PASSWORD:

NOTES:

WEBSITE:

LOGIN:

PASSWORD:

NOTES:

N

WEBSITE:

LOGIN:

PASSWORD:

NOTES:

WEBSITE:

LOGIN:

PASSWORD:

NOTES:

WEBSITE:

LOGIN:

PASSWORD:

NOTES:

WEBSITE:

LOGIN:

PASSWORD:

NOTES:

N

WEBSITE:

LOGIN:

PASSWORD:

NOTES:

WEBSITE:

LOGIN:

PASSWORD:

NOTES:

WEBSITE:

LOGIN:

PASSWORD:

NOTES:

WEBSITE:

LOGIN:

PASSWORD:

NOTES:

N

WEBSITE:

LOGIN:

PASSWORD:

NOTES:

WEBSITE:

LOGIN:

PASSWORD:

NOTES:

WEBSITE:

LOGIN:

PASSWORD:

NOTES:

WEBSITE:

LOGIN:

PASSWORD:

NOTES:

N

WEBSITE:

LOGIN:

PASSWORD:

NOTES:

WEBSITE:

LOGIN:

PASSWORD:

NOTES:

WEBSITE:

LOGIN:

PASSWORD:

NOTES:

WEBSITE:

LOGIN:

PASSWORD:

NOTES:

O

WEBSITE:

LOGIN:

PASSWORD:

NOTES:

WEBSITE:

LOGIN:

PASSWORD:

NOTES:

WEBSITE:

LOGIN:

PASSWORD:

NOTES:

WEBSITE:

LOGIN:

PASSWORD:

NOTES:

O

WEBSITE:

LOGIN:

PASSWORD:

NOTES:

WEBSITE:

LOGIN:

PASSWORD:

NOTES:

WEBSITE:

LOGIN:

PASSWORD:

NOTES:

WEBSITE:

LOGIN:

PASSWORD:

NOTES:

O

WEBSITE:

LOGIN:

PASSWORD:

NOTES:

WEBSITE:

LOGIN:

PASSWORD:

NOTES:

WEBSITE:

LOGIN:

PASSWORD:

NOTES:

WEBSITE:

LOGIN:

PASSWORD:

NOTES:

O

WEBSITE:

LOGIN:

PASSWORD:

NOTES:

WEBSITE:

LOGIN:

PASSWORD:

NOTES:

WEBSITE:

LOGIN:

PASSWORD:

NOTES:

WEBSITE:

LOGIN:

PASSWORD:

NOTES:

P

WEBSITE:

LOGIN:

PASSWORD:

NOTES:

WEBSITE:

LOGIN:

PASSWORD:

NOTES:

WEBSITE:

LOGIN:

PASSWORD:

NOTES:

WEBSITE:

LOGIN:

PASSWORD:

NOTES:

P

WEBSITE:

LOGIN:

PASSWORD:

NOTES:

WEBSITE:

LOGIN:

PASSWORD:

NOTES:

WEBSITE:

LOGIN:

PASSWORD:

NOTES:

WEBSITE:

LOGIN:

PASSWORD:

NOTES:

P

WEBSITE:

LOGIN:

PASSWORD:

NOTES:

WEBSITE:

LOGIN:

PASSWORD:

NOTES:

WEBSITE:

LOGIN:

PASSWORD:

NOTES:

WEBSITE:

LOGIN:

PASSWORD:

NOTES:

P

WEBSITE:

LOGIN:

PASSWORD:

NOTES:

WEBSITE:

LOGIN:

PASSWORD:

NOTES:

WEBSITE:

LOGIN:

PASSWORD:

NOTES:

WEBSITE:

LOGIN:

PASSWORD:

NOTES:

P

WEBSITE:

LOGIN:

PASSWORD:

NOTES:

WEBSITE:

LOGIN:

PASSWORD:

NOTES:

WEBSITE:

LOGIN:

PASSWORD:

NOTES:

WEBSITE:

LOGIN:

PASSWORD:

NOTES:

Q

WEBSITE:

LOGIN:

PASSWORD:

NOTES:

WEBSITE:

LOGIN:

PASSWORD:

NOTES:

WEBSITE:

LOGIN:

PASSWORD:

NOTES:

WEBSITE:

LOGIN:

PASSWORD:

NOTES:

Q

WEBSITE:

LOGIN:

PASSWORD:

NOTES:

WEBSITE:

LOGIN:

PASSWORD:

NOTES:

WEBSITE:

LOGIN:

PASSWORD:

NOTES:

WEBSITE:

LOGIN:

PASSWORD:

NOTES:

Q

WEBSITE:

LOGIN:

PASSWORD:

NOTES:

WEBSITE:

LOGIN:

PASSWORD:

NOTES:

WEBSITE:

LOGIN:

PASSWORD:

NOTES:

WEBSITE:

LOGIN:

PASSWORD:

NOTES:

R

WEBSITE:

LOGIN:

PASSWORD:

NOTES:

WEBSITE:

LOGIN:

PASSWORD:

NOTES:

WEBSITE:

LOGIN:

PASSWORD:

NOTES:

WEBSITE:

LOGIN:

PASSWORD:

NOTES:

R

WEBSITE:

LOGIN:

PASSWORD:

NOTES:

WEBSITE:

LOGIN:

PASSWORD:

NOTES:

WEBSITE:

LOGIN:

PASSWORD:

NOTES:

WEBSITE:

LOGIN:

PASSWORD:

NOTES:

R

WEBSITE:

LOGIN:

PASSWORD:

NOTES:

WEBSITE:

LOGIN:

PASSWORD:

NOTES:

WEBSITE:

LOGIN:

PASSWORD:

NOTES:

WEBSITE:

LOGIN:

PASSWORD:

NOTES:

R

WEBSITE:

LOGIN:

PASSWORD:

NOTES:

WEBSITE:

LOGIN:

PASSWORD:

NOTES:

WEBSITE:

LOGIN:

PASSWORD:

NOTES:

WEBSITE:

LOGIN:

PASSWORD:

NOTES:

R

WEBSITE:

LOGIN:

PASSWORD:

NOTES:

WEBSITE:

LOGIN:

PASSWORD:

NOTES:

WEBSITE:

LOGIN:

PASSWORD:

NOTES:

WEBSITE:

LOGIN:

PASSWORD:

NOTES:

S

WEBSITE:

LOGIN:

PASSWORD:

NOTES:

WEBSITE:

LOGIN:

PASSWORD:

NOTES:

WEBSITE:

LOGIN:

PASSWORD:

NOTES:

WEBSITE:

LOGIN:

PASSWORD:

NOTES:

S

WEBSITE:

LOGIN:

PASSWORD:

NOTES:

WEBSITE:

LOGIN:

PASSWORD:

NOTES:

WEBSITE:

LOGIN:

PASSWORD:

NOTES:

WEBSITE:

LOGIN:

PASSWORD:

NOTES:

S

WEBSITE:

LOGIN:

PASSWORD:

NOTES:

WEBSITE:

LOGIN:

PASSWORD:

NOTES:

WEBSITE:

LOGIN:

PASSWORD:

NOTES:

WEBSITE:

LOGIN:

PASSWORD:

NOTES:

S

WEBSITE:

LOGIN:

PASSWORD:

NOTES:

WEBSITE:

LOGIN:

PASSWORD:

NOTES:

WEBSITE:

LOGIN:

PASSWORD:

NOTES:

WEBSITE:

LOGIN:

PASSWORD:

NOTES:

S

WEBSITE:

LOGIN:

PASSWORD:

NOTES:

WEBSITE:

LOGIN:

PASSWORD:

NOTES:

WEBSITE:

LOGIN:

PASSWORD:

NOTES:

WEBSITE:

LOGIN:

PASSWORD:

NOTES:

T

WEBSITE:

LOGIN:

PASSWORD:

NOTES:

WEBSITE:

LOGIN:

PASSWORD:

NOTES:

WEBSITE:

LOGIN:

PASSWORD:

NOTES:

WEBSITE:

LOGIN:

PASSWORD:

NOTES:

T

WEBSITE:

LOGIN:

PASSWORD:

NOTES:

WEBSITE:

LOGIN:

PASSWORD:

NOTES:

WEBSITE:

LOGIN:

PASSWORD:

NOTES:

WEBSITE:

LOGIN:

PASSWORD:

NOTES:

T

WEBSITE:

LOGIN:

PASSWORD:

NOTES:

WEBSITE:

LOGIN:

PASSWORD:

NOTES:

WEBSITE:

LOGIN:

PASSWORD:

NOTES:

WEBSITE:

LOGIN:

PASSWORD:

NOTES:

T

WEBSITE:

LOGIN:

PASSWORD:

NOTES:

WEBSITE:

LOGIN:

PASSWORD:

NOTES:

WEBSITE:

LOGIN:

PASSWORD:

NOTES:

WEBSITE:

LOGIN:

PASSWORD:

NOTES:

T

WEBSITE:

LOGIN:

PASSWORD:

NOTES:

WEBSITE:

LOGIN:

PASSWORD:

NOTES:

WEBSITE:

LOGIN:

PASSWORD:

NOTES:

WEBSITE:

LOGIN:

PASSWORD:

NOTES:

U

WEBSITE:

LOGIN:

PASSWORD:

NOTES:

WEBSITE:

LOGIN:

PASSWORD:

NOTES:

WEBSITE:

LOGIN:

PASSWORD:

NOTES:

WEBSITE:

LOGIN:

PASSWORD:

NOTES:

U

WEBSITE:

LOGIN:

PASSWORD:

NOTES:

WEBSITE:

LOGIN:

PASSWORD:

NOTES:

WEBSITE:

LOGIN:

PASSWORD:

NOTES:

WEBSITE:

LOGIN:

PASSWORD:

NOTES:

U

WEBSITE:

LOGIN:

PASSWORD:

NOTES:

WEBSITE:

LOGIN:

PASSWORD:

NOTES:

WEBSITE:

LOGIN:

PASSWORD:

NOTES:

WEBSITE:

LOGIN:

PASSWORD:

NOTES:

V

WEBSITE:

LOGIN:

PASSWORD:

NOTES:

WEBSITE:

LOGIN:

PASSWORD:

NOTES:

WEBSITE:

LOGIN:

PASSWORD:

NOTES:

WEBSITE:

LOGIN:

PASSWORD:

NOTES:

V

WEBSITE:

LOGIN:

PASSWORD:

NOTES:

WEBSITE:

LOGIN:

PASSWORD:

NOTES:

WEBSITE:

LOGIN:

PASSWORD:

NOTES:

WEBSITE:

LOGIN:

PASSWORD:

NOTES:

V

WEBSITE:

LOGIN:

PASSWORD:

NOTES:

WEBSITE:

LOGIN:

PASSWORD:

NOTES:

WEBSITE:

LOGIN:

PASSWORD:

NOTES:

WEBSITE:

LOGIN:

PASSWORD:

NOTES:

W

WEBSITE:

LOGIN:

PASSWORD:

NOTES:

WEBSITE:

LOGIN:

PASSWORD:

NOTES:

WEBSITE:

LOGIN:

PASSWORD:

NOTES:

WEBSITE:

LOGIN:

PASSWORD:

NOTES:

W

WEBSITE:

LOGIN:

PASSWORD:

NOTES:

WEBSITE:

LOGIN:

PASSWORD:

NOTES:

WEBSITE:

LOGIN:

PASSWORD:

NOTES:

WEBSITE:

LOGIN:

PASSWORD:

NOTES:

W

WEBSITE:

LOGIN:

PASSWORD:

NOTES:

WEBSITE:

LOGIN:

PASSWORD:

NOTES:

WEBSITE:

LOGIN:

PASSWORD:

NOTES:

WEBSITE:

LOGIN:

PASSWORD:

NOTES:

W

WEBSITE:

LOGIN:

PASSWORD:

NOTES:

WEBSITE:

LOGIN:

PASSWORD:

NOTES:

WEBSITE:

LOGIN:

PASSWORD:

NOTES:

WEBSITE:

LOGIN:

PASSWORD:

NOTES:

X

WEBSITE:

LOGIN:

PASSWORD:

NOTES:

WEBSITE:

LOGIN:

PASSWORD:

NOTES:

WEBSITE:

LOGIN:

PASSWORD:

NOTES:

WEBSITE:

LOGIN:

PASSWORD:

NOTES:

X

WEBSITE:

LOGIN:

PASSWORD:

NOTES:

WEBSITE:

LOGIN:

PASSWORD:

NOTES:

WEBSITE:

LOGIN:

PASSWORD:

NOTES:

WEBSITE:

LOGIN:

PASSWORD:

NOTES:

X

WEBSITE:

LOGIN:

PASSWORD:

NOTES:

WEBSITE:

LOGIN:

PASSWORD:

NOTES:

WEBSITE:

LOGIN:

PASSWORD:

NOTES:

WEBSITE:

LOGIN:

PASSWORD:

NOTES:

Y

WEBSITE:

LOGIN:

PASSWORD:

NOTES:

WEBSITE:

LOGIN:

PASSWORD:

NOTES:

WEBSITE:

LOGIN:

PASSWORD:

NOTES:

WEBSITE:

LOGIN:

PASSWORD:

NOTES:

Y

WEBSITE:

LOGIN:

PASSWORD:

NOTES:

WEBSITE:

LOGIN:

PASSWORD:

NOTES:

WEBSITE:

LOGIN:

PASSWORD:

NOTES:

WEBSITE:

LOGIN:

PASSWORD:

NOTES:

Y

WEBSITE:

LOGIN:

PASSWORD:

NOTES:

WEBSITE:

LOGIN:

PASSWORD:

NOTES:

WEBSITE:

LOGIN:

PASSWORD:

NOTES:

WEBSITE:

LOGIN:

PASSWORD:

NOTES:

Z

WEBSITE:

LOGIN:

PASSWORD:

NOTES:

WEBSITE:

LOGIN:

PASSWORD:

NOTES:

WEBSITE:

LOGIN:

PASSWORD:

NOTES:

WEBSITE:

LOGIN:

PASSWORD:

NOTES:

Z

WEBSITE:

LOGIN:

PASSWORD:

NOTES:

WEBSITE:

LOGIN:

PASSWORD:

NOTES:

WEBSITE:

LOGIN:

PASSWORD:

NOTES:

WEBSITE:

LOGIN:

PASSWORD:

NOTES:

Z

WEBSITE:

LOGIN:

PASSWORD:

NOTES:

WEBSITE:

LOGIN:

PASSWORD:

NOTES:

WEBSITE:

LOGIN:

PASSWORD:

NOTES:

WEBSITE:

LOGIN:

PASSWORD:

NOTES:

OTHER

WEBSITE:

LOGIN:

PASSWORD:

NOTES:

WEBSITE:

LOGIN:

PASSWORD:

NOTES:

WEBSITE:

LOGIN:

PASSWORD:

NOTES:

WEBSITE:

LOGIN:

PASSWORD:

NOTES:

OTHER

WEBSITE:

LOGIN:

PASSWORD:

NOTES:

WEBSITE:

LOGIN:

PASSWORD:

NOTES:

WEBSITE:

LOGIN:

PASSWORD:

NOTES:

WEBSITE:

LOGIN:

PASSWORD:

NOTES:

Made in the USA
Coppell, TX
21 March 2021